BEI GRIN MACHT SICH IHR
WISSEN BEZAHLT

Bibliografische Information der Deutschen Nationalbibliothek:

Die Deutsche Bibliothek verzeichnet diese Publikation in der Deutschen National-bibliografie; detaillierte bibliografische Daten sind im Internet über http://dnb.d-nb.de/ abrufbar.

Impressum:

Copyright © 2017 GRIN Verlag
Druck und Bindung: Books on Demand GmbH, Norderstedt Germany
ISBN: 9783668949065

Dieses Buch bei GRIN:

https://www.grin.com/document/468342

Maximilian Tschiersch

Fitnessökonomie. Verkaufsmanagement, Kundenorientierung, Teammanagement und Controlling

GRIN Verlag

GRIN - Your knowledge has value

Der GRIN Verlag publiziert seit 1998 wissenschaftliche Arbeiten von Studenten, Hochschullehrern und anderen Akademikern als eBook und gedrucktes Buch. Die Verlagswebsite www.grin.com ist die ideale Plattform zur Veröffentlichung von Hausarbeiten, Abschlussarbeiten, wissenschaftlichen Aufsätzen, Dissertationen und Fachbüchern.

Besuchen Sie uns im Internet:

http://www.grin.com/

http://www.facebook.com/grincom

http://www.twitter.com/grin_com

Deutsche Hochschule für

Prävention und Gesundheitsmanagement

Hermann Neuberger Sportschule 3

66123 Saarbrücken

Einsendeaufgabe

Fachmodul:	Verkaufsmanagement
Studiengang:	Fitnessökonomie
Datum **Präsenzphase**	**14.08.17 - 16.08.17**
Name, Vorname:	Tschiersch, Maximilian
Studienort:	**Hamburg**
Semester:	**WS 16**

Inhaltsverzeichnis

Name und Standort (Stadt/Gemeinde) der Anlage	Bodystreet Hamburg Winterhude
	██████████████████████
	Klasifizierung/Einordnung
Anlagenstruktur:	Gemischtes Mikrostudio
Größe der Anlage:	<300 qm
Preisstruktur der Anlage:	>90,00
Beschreibung der Kernleistung (siehe Aufgabe 1):	Personal Training im EMS Bereich

1 Aufgabe 1 Verkaufsorganisation

1.1 Verkaufsprozess im Ausbildungsbetrieb

Bei dem Verkaufsprozess der Kernleistung in meinem Unternehmen handelt es sich um das Abschließen von Mitgliedschaften. Es findet grundsätzlich eine Begrüßung statt. Es wird versucht möglichst viele Informationen über den Interessenten zu generieren. Diese Begrüßung beinhaltet unter anderem das Vorbereiten der Informationen, der erforderlichen Unterlagen sowie der persönlichen Vorbereitung des Verkäufers in form der äußeren Erscheinung, der Mimik und Gestik und der mentalen Vorbereitung. Nach dem erscheinen des Interessenten wird ihm eine kurze Richtlinie für das Probetraining erläutert und im ein Sitzplatz angeboten. Anschließend folgt ein kurzes Gespräch um den Interessenten etwas näher kennen zu lernen und die Beziehungsebene aufzubauen. Dies ist Bestandteil der Bedarfsanalyse, in welcher die Ziele und Interessen des Kunden erarbeitet werden. Infolge dessen wird das Angebot präsentiert und ein Rundgang durch das Studio Absolviert. Der Interessent erhält Trainingsbekleidung und wird zu den Umkleiden geführt. Anschließend wird dem Interessenten erklärt wie das Training abläuft. Das Ankleiden des Interessenten mit dem EMS Equipment verläuft unter permanentem Smalltalk und erfragen der aktuellen Tagesform Das Equipment und die zu absolvierenden Übungen werden vorgestellt und er wird ein „Rahmen" für das Training gesetzt.

Nun wird das 20minütige Training vollzogen. Anschließend wird dem Interessent das EMS Equipment von dem Trainer abgenommen und er hat nun die Option sich direkt umzuziehen oder zu duschen. Im Anschluss wird nochmals nach dem Gefühl des Interessenten gefragt und es beginnt die Preispräsentation. In der Preispräsentation werden die verschiedenen Mitgliedschaften vorgestellt sowie der Nutzen des Startpaketes erläutert. Es wird ausdrücklich auf den Mehrwert des Kunden eingegangen. Anschließend wird sich nochmals erkundigt ob noch fragen offen sind. Nach der Entscheidung für eine der vorgestellten Mitgliedschaften wird dem Mitglied eine vorbereitete Tasche mit allen Leistungen des Startpakets übergeben und es wird direkt ein nächster Termin vereinbart. Zum Abschluss wird das Mitglied mit warmen Worten verabschiedet.

1.2 Vergleich mit den 13 Stufen des Verkaufs

Tab. 1: Vergleich der 13 Stufen des Verkaufs, Studienbrief/Bodystreet (eigene Darstellung)

	Studienbrief	Bodystreet	Fazit
Stufe 1 Vorbereitung	-es wird ein geeigneter Termin gefunden -wenn vorhanden ein Beratungszimmer nutzen (ruhige Atmosphäre) -mögliches viele Informationen über den Kunden einholen -Die benötigten Unterlagen bereit legen und sich mental auf den Kunden einstellen	-ein geeigneter Termin wird gefunden -die Beratungsunterlagen werden bereitgelegt -der Loungebereich im Studio wird aufbereitet -vorliegende Kundeninfos werden eingeholt -der Berater bringt sich in einen positiven mentalen Zustand	+
Stufe 2 Kontaktaufnahme	-es soll auf ein gepflegtes Äußeres geachtet werden -Der Interessent wird mit seinem Namen angesprochen -es soll eine positive Körperhaltung, Mimik und Gestik herrschen	-der Interessent wird mit Namen begrüßt -passendes äußeres Erscheinungsbild des Beraters -erster „Magic Moment" soll entstehen durch das Erscheinungsbild des Beraters	+
Stufe 3 Persönliche Beziehung	-ein Ausführliches Gespräch (Small talk) baut eine Beziehungsebene auf -die nonverbale Kommunikation sollte dem Kunden angepasst werden -es gellten hier die allgemeinen Grundsätze der Kommunikationsverbesserung	-es wird nach dem allgemeinen Wohl des Interessenten gefragt -gemeinsame Interessen werden gesucht -der Berater hört dem Interessenten aktiv zu	+
Stufe 4 Bedarfsanalyse	-der Verkäufer hört dem Kunden aktiv zu -Der Redeanteil sollte 20%	-der Redeanteil gestaltet sich ca. 30% des Beraters und 70% des Interessenten	

	bei dem Verkäufer und 80% bei dem Interessenten liegen -bewusste und unbewusste Bedürfnisse des Interessenten werden ausgearbeitet	-die Ziele des Interessenten werden erarbeitet -Focus auf bewusste Bedürfnisse -Mehrwert des Kunden wird aufgezeigt -diese Stufe vermischt sich mit der Angebotspräsentation	
Stufe 5 Angebotspräsentation	-das Angebot des Unternehmens wird Nutzenorientiert präsentiert -es werden rhetorische Mittel eingesetzt	-Vorteile des Angebots werden aufgezeigt -diese werden nutzenorientiert dargestellt -die Trainingsmethode wird detailliert erklärt	+
Stufe 6 Angebots- und Bestätigungsstufe	-Vorteiles des Verkaufs werden dem Interessenten erklärt -es sollte Bestätigungs- und Suggestivfragen angewandt werden	-Vorteiles des Verkaufs werden dem Interessenten erklärt -es werden Bestätigungsfragen gestellt -Probeabschluss wird durchgeführt	+
Stufe 7 Grundsatzentscheidung	-es werden fragen zur Grundsatzentscheidung gestellt -der Verkäufer muss eine positive Grundsatzentscheidung bekräftigen	-die Grundsatzentscheidung des Kunden wird erfragt -Grundsatzentscheidung wird durch den Berater bekräftigt	+
Stufe 8 Preispräsentation	-die Möglichkeiten und Preisgestaltung der Mitgliedschaften werden aufgezeigt -der Preis wird in Relation zum Nutzen dargestellt -es gilt der Grundsatz: kleiner Preis und großer Nutzen	-die verschiedenen Mitgliedschaftsoptionen werden aufgezeigt -es wird der Preis in Relation zum Nutzen dargestellt -es werden alle noch offenen Fragen geklärt	+
Stufe 9 Das „ja" zur Mitgliedschaft	-diese Stufe beinhaltet das Akzeptieren des Preises von Seiten des Kunden -es wird eine Empfehlung des Verkäufers ausgesprochen -Alternativfragen sollten verwendet werde	-(diese stufe findet in der Preispräsentation statt)	
Stufe 10 Preispräsentation des Startpakets	-der Nutzen des Startpakets wird erläutert -es wird die Preiswerte Relation des Startpakets dargestellt	-der Nutzen des Startpakets wird erläutert -es herrscht das Motto, großer Nutzen zum kleinen Preis	+
Stufe 11 Vorabschluss	-ein Vorabschluss wird durchgeführt -es sollte ein Nein des Interessenten vermieden werden -die drei Schritte Strategie anwenden -wenn nötig werden alle noch bestehenden Fragen geklärt -abschließend wird die provi-	-(wird bereits nach der Angebots- und Bestätigungsstufe vollzogen)	

	sorische Abschlussfrage gestellt		
Stufe 12 Abschluss einer Mitgliedschaft	-der eigentliche Abschluss wird durchgeführt -der Berater füllt die Mitgliedschaft aus -der Interessent soll genügend Zeit zum Durchlesen der Mitgliedschaft haben -das weitere Vorgehen wird detailliert erläutert	-Der eigentliche Abschluss wird durchgeführt - Interessent hat Zeit sich die Mitgliedschaft durchzulesen -alle weiteren Vorgänge werden erläutert	+
Stufe 13 After-Sales-Betreuung	-dem Kunden eine positive Entscheidungsbestätigung aussprechen -es wird eine Informationsmappe mit allen wichtigen Unterlagen überreicht -es sollen kognitive Dissonanzen vermieden werden	-dem Kunden wird eine positive Entscheidung bestätigt -Kunde erhält alle wichtigen Unterlagen -eine nächste Trainingszeit wird terminiert -Zusatzverkäufe werden angeboten	+

Die Gegenüberstellung der 13 Stufen des Verkaufes weist viele Übereinstimmungen auf. Auf die Abweichungen in den Stufen 4, 9 und 11 werde ich genauer eingehen.

Die Stufe 4 des Verkaufsprozesses unterscheidet sich insofern das bei der Bodystreet die Bedarfsanalyse sich mit der Angebotspräsentation vermischt. Ein klares unterscheiden ist in diesem Fall nicht möglich. Dies geschieht unter anderem, da jedes Verkaufsgespräch oder auch jedes Probetraining mit einem aktiven Trainingsteil gekoppelt ist und somit das Angebot präsentiert wird sobald die Bedürfnisse des Kunden erarbeitet wurden. Die Stufe 9 der Verkaufsprozesses wird bei der Bodystreet in die Preispräsentation integriert, sowie das Startpaket durch seinen enormen nutzen auch direkt in der Preispräsentation Einklang findet und nicht erst nach dem „Ja" zur Mitgliedschaft. Ein weiterer gravierender unterschied ist das Durchführen eines „Vorabschluss" oder auch „Testabschluss". Dieser wird bei Bodystreet direkt nach der Bedarfsanalyse durchgeführt um die „Ja Kette" des Kunden nicht zu unterbrechen und Ihm in dieser Phase ein positives Gefühl der Mitgliedschaft gegenüber zu bereiten. Alle weiteren Stufen des Verkaufsprozesses stimmen überein.

1.3 Verkaufsprozessoptimierung

Der Verkaufsprozess könnte optimiert werden in dem eine ruhigere Atmosphäre geschaffen wird. Es kann durch laufende Trainings ein gewisser Geräuschpegel herrschen.

Außerdem könnte durch regelmäßige Trainings mit anschließendem Feedback innerhalb des Teams ein noch höherer Standard und eine gewisse Routine erreicht werden.

2 Aufgabe 2 Kundenorientierung

2.1 Konzept der Selbstkonkordanz – Transformation der Modi

Nach Sheldon & Elliot (1999) erklärt die Selbstkonkordanz die Mechanik der konsequenten Prozesse von der Zielannahme bis zur Zielerreichung führt.

Die Selbstkonkordanz ist untergliedert in 4 Modi, den externaten, den introjizierten, denidentifizierten und den intrinsischen Modus.

2.1.1 Externaler Modus in den Introjizierten Modus

Die Transformation von dem externalen in den introjizierten kann wie folgt ablaufen. Die von mir ausgewählte Strategie wird über soziale Kontakte umgesetzt. Der Aspekt eines Trainingstandems ist hierbei ein wichtiger Aspekt. Durch bekräftigende Worte und auch durch beobachten des Erfolges des Trainingspartners wird die Zielintention langsam herausgearbeitet. In diesem Zusammenhang kann man das Trainingstandem auch zu dem einem Seminar jeden Monat zum Thema „wie fühle ich mich gut" einladen. Bei dieser Veranstaltung berichten Mitglieder sowie Trainer über ihre Erfolge, ihren Weg im Sport. Dies führ zum überführen in den Introjizierten Modus.

2.1.2 Introjizierer Modus in den identifizierten Modus

Die Strategie der Transformation des introjizierten Modus in den identifizierten Modus wird über ZDF (Zahlen Daten Fakten) erfolgen. Durch regelmäßige Check-ups kann die Progression des Mitglieds genau festgehalten werden und diese dem Mitglied schwarz auf weis zu präsentieren. Es wird von Seiten des Trainers der Zustand des Kunden erfragt, sowohl Körperlich als auch Mental und wie der Kunde sich damit fühlt.Außerdem wird erarbeitet, was der Kunde genau verändert hat und es werden erneut Teilziele des Kunden definiert und ihm Tipps gegeben diese zu erreichen.

2.1.3 identifizierter Modus in den intrinsischen Modus

Bei der Überführung des identifizierten Modus in den intrinsischen Modus wird die Strategie des Wettkampfgedankens verwendet. Mit dem neugewonnen Körpergefühl, Selbstbewusstsein und Ehrgeiz muss dem Kunden weiterhin Abwechselung geboten werden. Diese Abwechselung wird in Form von Challenges angeboten. Alle 14 Tage finden „kleine" Kraft-, Schnelligkeit- oder Ausdauerwettbewerbe statt an denen alle Mitglieder eine Kostenfreie Teilnahme genießen. Die Sportliche Anstrengung wird mit dem sozialen Aspekt und dem Wettkampfgedanken gepaart so das der Spaß an der Sache überwiegt und der Kunde den Intrinsischen Modus erreicht hat.

2.2 Kundenbindung

2.2.1 Maßnahme 1,Beratung

Vorrangig bei Bodystreet ist es wichtig intensiv den Kunden zu betreuen und Ihm in allen Lebenslagen Zuzuhören und best möglich bei Seite zu stehen. Die geschieht ausführlich vor und nach den 20 Minuten Training. Während des Trainings steht dieses auch im Vordergrund sodass der Kunde seine Ziele bestmöglich erreicht. Somit wird der wöchentliche Besuche bei Bodystreet aktiv in das Leben des Kunden eingebunden und aus Sicht des Kunden als positives Ereignis gewertet.

2.2.2 Maßnahme 2/Trainingstandem

In der Vergangenheit haben sich hier aus 2 Kunden die nebeneinander trainieren Freundschaften entwickelt. Gerade um dem Motivationsloch entgegenzuwirken ist der Zusammenschluss zweier trainierender zu einem festen Termin ein gutes Tool um die Wahrscheinlichkeit einer Kündigung zu minimieren. Hierbei wird der Soziale Aspekt geachtet und der „Trainingstermin" wirkt dem Kunden gegenüber positiv.

2.2.3 Maßnahme 3/Individualisierung

Als Anbieter von Personal Training im EMS Bereich kann der Neukunde nach den ersten 10 – 12 Wochen ein gutes Gefühl für die Trainingsübungen entwickelt haben und sich ein wenig langweilen. An diesem Punkt kann der Trainer sein ganzes wissen der Trainingslehre an dem Kunden anwenden. Es kann das Training durch Gegendruck intensiviert werden, durch Mitziehen oder Führen von Bewegungen ein anderes Trainingsgefühl hervorgerufen werden oder selbst durch Minimierung der Pause, in Form von Skipping, ein ganz neuer Trainingsreiz gesetzt werden.

2.2.4 Maßnahme 4/Trainingseinhaltungs Geschenk

In einem Zeitfenster von 6 Monaten bekommt das Mitglied die Möglichkeit alle 2 Monate (= 8x Training) ein kleines Geschenk zu erhalten, wenn er zu jedem vereinbartem Training Anwesend war (minimum 1x die Woche). Diese Prämien werden gestaffelt, nach Einhaltung der ersten 8 Training bekommt das Mitglied ein Amino-Drink, nach einhalten weiterer 8 Trainings einen Bodystreet Shaker und nach Einhaltung weiterer 8 Trainings ein Ernährungsbuch völlig kostenfrei.

2.2.5 Maßnahme 5/ Regelmäßige Körperanalysen

Wenn, am Anfang der Mitgliedschaft, von einem untrainierte Ist-zustand des Mitglieds ausgegangen wird, sind Körpervermessungen in geringeren Abständen eine gute Maßnahme zur Kundenbindung. In der Regel können in den ersten Monaten des Trainings die größten Erfolge erzielt werden. Diese Fakt sollte genutzt werden. Durch positive Körperanalysen des Mitglieds in der ersten Zeit seines Trainings wird neue Motivation bereitgestellt.

2.3 Zusatzverkäufe

2.3.1 Aktuelle Zusatzeinkünfte

In meinem Studio werden zum Beispiel mit dem laundry service, Drinks und einem Kochbuch Zusatzeinkünfte generiert. Im nachfolgenden werde ich spezifisch auf diese eingehen.

Der laundry service beinhaltet die Leistung, das die für das EMS Training notwendige Trainingswäsche zu jedem Termin in der Kleidergröße des Kunden bereit steht, sobald er das Studio betritt. Außerdem muss der Kunde sich nach Beendigung des Trainings nicht um die getragene Trainingskleidung kümmern. Der Vorteil des Kunden liegt hierbei in der Flexibilität die er sich damit „erkauft". Durch den laundry service ist es möglich das der Kunde kein Equipment, keine spezielle Kleidung oder sonstiges zum Training mitführen muss. Er kann aus jeder Lebenslage in das Training starten. Dieser Service wird in den Bereich training eingegliedert.

Außerdem werden in meinem Unternehmen Zusatzeinkünfte durch das Verkaufen eines Amino Drinks generiert. In diesem Fall handelt es sich um ein Speziell von Bodystreet entwickeltes Produkt welches Ideal auf das körperliche Befinden nach dem EMS Training abgestimmt ist. Es enthält alle essentiellen Aminosäuren und viele andere wichtige Makro- und Mikronährstoffe um das Wohlbefinden zu fördern. Diese Zusatzeinkünfte werden in den Thekenbereich eingeordnet.

Als Dritte Zusatzeinkunft wird das Kohlschmeckerkochbuch angeboten. Dieses Beinhaltet viele gesunde und gutschmeckende Rezepte durch die, die Mitgliedern, ihrer Sportlichen Ziele schneller erreichen können. Ein großer Benefit dieses Produktes ist die Angabe der Nährwerte jedes einzelnen Rezeptes. Dieses Produkt wird in den Thekenbereich eingeordnet.

2.3.2 Neuartige Produkte

Als Neuartiges Produkt/Leistung kann die Nutzung einer sogenannten „Baby-Ecke" angeboten werden. Dies ist ein Abteil in einem separierten Raum, in welchem viele Möglichkeiten bestehen Babys und Kinder bis 2 Jahren zu beschäftigen und kann für nur 9,90 pro training genutzt werden. Diese Leistung soll alle frisch gebackenen Eltern ansprechen. Diese haben den Vorteil das sie ihr 20 minütiges Training ohne Probleme absolvieren können in dem wissen das Ihr Kind gut betreut ist. Es bietet außerdem Flexibilität den Eltern gegenüber und gestaltet so den Wiedereinstieg in das Training nach der Schwangerschaft sehr einfach.

Das zweite neuartige Produkt ist eine social Media Mitgliedschaft. Hierbei kommen die Mitglieder durch den Zugang in private Gruppen und Plattformen immer mit den Neuesten Ideen und Inspirationen über das Thema Fitness und Ernährung in Kontakt Zusätzlich gibt es die Option sportliche Aktivitäten und zugeführte Nahrung in einem Onlinetagebuch festzuhalten. Die Mitglieder haben den Vorteil durch das Registrieren sich mit anderen Mitgliedern permanent auszutauschen, Erfolgsgeschichten zu teilen und Ihre Bewegung sowie Nahrungszufuhr zu dokumentieren. Diese Daten können, wenn gewollt, an die Bodystreet versendet werden und infolge dessen kann bestmöglich beraten werden wie der Weg zum Ziel optimiert werden kann. Diese Leistung passt perfekt in das Konzept Bodystreet, es stricht alle Menschen an die wenig Zeit haben und viel auf Reisen sind um immer in Kontakt mit ihrem Trainer zu sein.

Bei dem Dritten neuartigen Produkt handelt es sich um ein Eiweißröhrchen. Dieses Eiweißröhrchen kann als zusätzlicher Helfer im Alltag zu unserer Protein Dose erworben werden. Dies ist eine kleine Röhre mit einem Schraubverschluss die unter anderem an jedem Schlüssel zu befestigen ist. Zuhause wird aus der Proteindose ein löffel Proteinpulver in das Röhrchen gefüllt und kann danach unterwegs und überall durch das zugeben einer geringen menge Wasser getrunken werden. Die Zielgruppe dieses Produktes ist jeder der seinen Proteindrink schnell und handlich mitführen möchte. Vor allem aber die Frauen profitieren von diesem Produkt. Wer kennt es nicht, es ist nie genug Platz in der Handtasche und jeder handelsübliche Shaker ist zu sperrig und unhandlich. Dieses Eiweißröhrchen umgeht diese Problematik und macht das Eiweiß für jeden, in jeder Lage zugänglich.

3   Aufgabe 3 Team, Motivation &Führung

3.1   Teamentwicklung

Die vier Phasen der Teambildung nach Tuckman (1965) sind die Phase 1 „Forming",
Phase 2 „Storming", Phase 3 „Norming und die vierte und letzte Phase „Performing".

3.1.1   Phase 1 (Forming)

Diese Phase ist geprägt von einem höflichen aber vorsichtigen und gespannten Verhältnis innerhalb des Teams. Der Teamleiter hat hier die Aufgabe aus den einzelnen Personen ein Team zu formen.

Eine Maßnahme zum formen des Teams ist das verdeutlichen des gemeinsamen Ziels.
Dadurch wird ein gemeinsam angestrebtes Ereignis/Ziel definiert und der Gedanke eines Teams festigt sich in den Köpfen der Personen. Außerdem kann der Teamleiter sol-
che Team Events oder Rituale einführen um den Teamgedanken zu stärken. Zum Beispiel eine sportliche Aktivität gemeinsam durchführen.

3.1.2   Phase 2 (Storming)

Die Storming Phase ist eine kritische Phase welche von unterschwelligen Konflikten,
mühsamen Vorwärtskommens und auch von der Cliquenbildung geprägt ist.

Hier sollte der Teamleiter primär den Frieden im Team bewahren. Er sollte mögliche
Konflikte und Unstimmigkeiten durch ein gezieltes Konfliktmanagement bereinigen
und eine positive Stimmung im Team herstellen. Dies kann zum Beispiel durch regelmäßige Teammeetings geschehen in denen die Unstimmigkeiten offen und sachlich be-
sprochen werden können. Ein weiterer Vorteil dieser Teammeetings ist das die Cliquenbildung nach gegenseitigem Verständnis der einzelnen Parteien reduziert wird.

Außerdem sollte der Teamleiter in dieser Phase das Team immer wieder Motivieren und
die Ziele wiederholt in den Köpfer des Team abrufen. Dies kann zum Beispiel durch gewisse Teilziele des Gesamtziel geschehen.

3.1.3   Phase 3 (Norming)

Die Norming Phase ist geprägt durch die Entwicklung neuer Umgangsformen und Ver-
haltensweisen im Team. Es werden Standpunkte, Standards und Teamregeln definiert
und eingeführt.

In dieser Phase fungiert der Teamleiter als moderator und Initiator. Er ist angehalten alle Ideen und Interessen des Teams in diesen Standards zusammenzutragen. Außerdem stellt der Teamleiter sicher das das gemeinschaftliche Ziel im Fokus bleibt um bestmöglich als Team zu fungieren.

3.1.4 Phase 4 Performing)

In der Performing Phase herrscht eine offene, ideenreiche und flexibele beziehung innerhalb des Teams. Hier ist das Team zu Höchstleistungen fähig.

Der Teamleiter sollte den Fokus auf das Aufrechterhalten dieser Phase legen. Dies kann er erreichen durch das Wertschätzen und loben seines Teams. Das bestätigen der gut geleisteten Arbeit des Teams stärkt diese Phase.

Außerdem sollte der Teamleiter darauf bedacht sein die einzelnen Personen seines Teams individuell zu fördern und zu fordern. Es können Weiterbildungsmaßnahmen auf die individuellen Stärken der einzelnen Teammitglieder vollzogen werden.

3.1.5 In welcher Phase ist der Teamleiter besonders gefordert?

Der Teamleiter ist in der zweiten Phase, der Storming Phase, besonders gefordert.

In dieser Phase herrscht ein großes Ungleichgewicht und Uneinigkeit im Team. Es besteht die Gefahr das das Team auseinanderbricht. In diesem Fall ist die Aufgabe der Konfliktbewältigung und des Konfliktmanagements des Teamleiters besonders wichtig um in die nächste Phase der Entwicklung zu kommen und das Team weiter als Team zusammenzuhalten. Hier ist besonders das zwischenmenschliche Feingefühl des Teamleiters gefordert.

3.2 Motivation

„Gruppenprovisionen sind in der Fitnessbranche die beste Möglichkeit die Mitarbeiter in eigenen Unternehmen dauerhaft zu motivieren."

Warum sollte die Gruppenprovision die bestmögliche Motivation der Mitarbeiter sein? Bei Anwendung dieser Provisionsform kann es zu großem Missmut innerhalb des Teams kommen. Es kann zu einem Ungleichgewicht der Arbeitsverteilung und des Engagements kommen, sodass einige Mitarbeiters mehr für den Erfolg des Unternehmens Arbeiten und andere wiederum weniger. Dies kann zu ungerechter und ungerechtfertigter Honorierung einzelner Mitarbeiter führen. An diesem Punkt entsteht Unzufriedenheit jener Mitarbeiter die einen größeren Teil zum Erfolg beigetragen haben. Warum sollen

Mitarbeiter, die weniger Arbeiten, nach diesem Provisionssystem eine gleich hohe Honorierung beziehen wie vielarbeitende Mitarbeiter? Aus der Sicht des Teams betrachtet ist die Gruppenprovision eine gute Möglichkeit, ein klares Gruppenziel zu definieren und dem Team eine größeren Anreiz zu liefern dieses Ziel zu erreichen. Dies kann dazu führen das die Zusammenarbeit untereinander Zielstrebiger koordiniert wird und die Arbeitsabläufe effizienter vollzogen werden.

Ich komme zu dem Schluss das aufgrund meiner oben genannten Argumente eine Gruppenprovision langfristig den gewünschten Erfolg nicht bringt und somit nicht als geeignet einzustufen ist.

3.3 Führung

3.3.1 Fallbeispiel 1

Die Beschreibung des Fallbeispiel 1 ist geprägt von exakten Anweisungen und klaren unumgänglichen Richtlinien. Dies Spricht dafür, das es sich in diesem Fall um den direktiven Stil handelt. Im Fallbeispiel ist die Anwendung einer „To Do-Liste" aufgeführt. Es bedeutet das Klare Anweisungen vorliegen. Ein weiterer Aspekt, welcher auf den direktiven Stil schließen lässt ist die Tatsache das, in diesem Beispiel, der Vorgesetzte regelmäßig Kontrollgänge macht.

3.3.2 Fallbeispiel 2

In dem Fallbeispiel 2 handelt es sich um ein junges Start-up Unternehmen. Das Team sitzt häufig zusammen und die Beziehung der Mitarbeiter gegenüber der Führungsebene geht über die Arbeit hinaus. Dies bedeutet das es sich hierbei um den affiliativen Stil handelt. Bei diesem Stil steht die Harmonie und Konsens unter den Mitarbeitern und der Führungsebene im Vordergrund. Der letzte Satz des Fallbeispiels weist ausdrücklich darauf hin das die Harmonie im Team und der Zusammenhalt eine ausschlaggebende Rolle spiele. Es wird ein vertrauensvolles Verhältnis als ausschlaggebend für den Erfolg des Unternehmens definiert.

4 Aufgabe 4 Controlling

4.1 Kennzahlen im Vertrieb

4.1.1 Rechenwege

Telefonquote = (Anzahl der vereinbarte Beratungen / Anzahl Interessentenanrufe) *100

Termineinhaltungsquote = (Anzahl der erschienenen Beratungstermine / Anzahl der vereinbarten Beratungstermine) * 100

Abschlussquote = (Anzahl der abgeschlossenen Mitgliedschaften / Anzahl der durchgeführten Beratungen) * 100

Durchschnitt ø = (Summe aus Ergebnissen Januar bis März in %) / 3(Anzahl der Monate)

Tab. 2: Ergebnis der Quartalszahlen für E. Januar bis März (eigene Darstellung)

E.	Telefonquote in %	Termineinhaltungs-quote in %	Abschlussquote in %
Januar	79,13%	68,13%	46,77%
Februar	81,55%	69,04%	37,93%
März	79,00%	75,95%	36,66%
ø	79,89%	71,04%	40,45%

Tab. 3: Ergebnis der Quartalszahlen für A. Januar bis März (eigene Darstellung)

A.	Telefonquote in %	Termineinhaltungs-quote in %	Abschlussquote in %
Januar	79,46%	95,50%	85,88%
Februar	76,19%	79,17%	88,16%
März	71,67%	86,05%	87,84%
ø	75,77%	86,91%	87,29%

Tab. 4: Ergebnis der Quartalszahlen für B. von Januar bis März (eigene Darstellung)

B.	Telefonquote in %	Termineinhaltungs-quote in %	Abschlussquote in %
Januar	36,22%	57,75%	85,37%
Februar	45,05%	48,78%	90,00%
März	45,91%	51,19%	83,72%
ø	42,39%	52,57%	86,36%

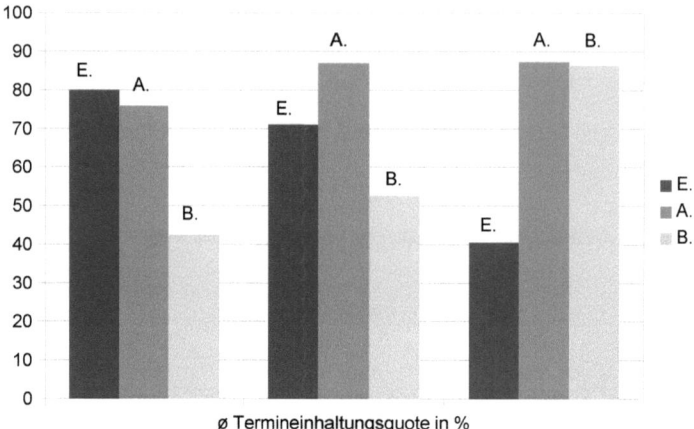

ø Termineinhaltungsquote in %
ø Telefonquote in %   ø Abschlussquote in %
Abb. 1: Gegenüberstellung der ø Quartalsquoten in % (eigene Darstellung)

4.1.2   Beurteilung der Kennzahlen

Die Kennzahlen des Betriebes zeigen deutlich das ein Ungleichgewicht der
Kompetenzen der einzelnen Mitarbeiter herrscht welches das Diagramm veranschau-
licht. Es wird deutlich, das es keine vorherrschende Controllingstruktur gegeben hat.

Eine Maßnahme um den Vertrieb zu verbessern sind Interne Schulungen von Mitarbeitern für Mitarbeiter. Da jeder seine persönlichen Stärken hat, sollen diese in Schulungen
den anderen Mitarbeitern nahe gebracht werden und Ihnen helfen die eigenen Defizite
auszugleichen. Außerdem sollte mit dem Tool des direkten Feedbacks gearbeitet werden. Eine Beispiel Situation ist, ein Mitarbeiter der seine Kernkompetenz im vereinba-
ren von Beratungsterminen hat, analysiert diese Maßnahme eines Mitarbeiters, der auf
diesem Gebiet eher ein Defizit hat. Anschließend wir konstruktives Feedback gegeben
sodass in jeder Situation mögliche Fehlerquellen oder Verbesserungen angesprochen
werden und die Qualität des Vertriebs stetig steigt.

4.2   Fluktuationsquote

4.2.1   Rechenweg

Fluktuationsquote = (Anzahl der Abgänge / Durchschnittlicher Mitgliederbestand)*100

Anzahl der Abgänge = 846

Durchschnittlicher Mitgliederbestand = 3887

Fluktationsquote = (846 / 3887)*100

Fluktuationsquote = 21,76%

4.2.2 Senkung der Fluktuationsquote um 5%

Fluktuationsquote – 5% = 21,76% - 5% = 16,76%

(Fluktuationsquote – 5%) * Durchschnittlicher Mitgliederbestand/100=651

Differenz der Abgänger= (Fluktuationsquote) – (Fluktuationsquote-5%)

Differenz der Abgänger= 846 – 651 = 195

Bei einer Senkung der Fluktuationsquote um 5% werden 195 Mitglieder weiterhin Mitglieder bleiben.

Umsatz der Fluktuationssenkung = 195*(50*12) = 117.000

Bei einer Senkung der Fluktuationsquote wird ein Mehrumsatz von 117.000 Euro generiert.

5   Literaturverzeichnis

Sheldon, K. M., & Elliot, A. J. (1999). *Goal striving, need satisfaction, and longitudi nal well-being: The self-concordance model.* Journal of Personality and Social Psychology, Vol. 76, No. 3, 482-497.

Tuckman, B. (1965). *Developmental sequences in small groups.* Psychological Bulletin, 63, S. 384-399

6   Abbildungs- und Tabellenverzeichnis

6.1 Tabellenverzeichnis

6.2 Abbildungsverzeichnis